Koriander

Koriander

Die besten Rezepte

© KOMET Verlag GmbH, Köln
www.komet-verlag.de
Covermotiv: © Rees, Peter / StockFood
Bildnachweis S. 7: © StockFood.com/FoodPhotogr.Eising
Gesamtherstellung: KOMET Verlag GmbH, Köln
ISBN 978-3-89836-933-6

Inhalt

Einleitung

Koriander (*lat. Coriandrum sativum*) war schon im Ägypten der Pharaonenzeit in Gebrauch und auch in China und bei den Römern wurde er bereits um die Zeitenwende als Küchen- und Heilkraut eingesetzt. Nach Mitteleuropa kam er vermutlich mit römischen Soldaten. Im 16. und 17. Jahrhundert hieß es, man könne Hexen daran erkennen, dass sie kein mit Koriander gewürztes Brot essen würden, außerdem wurden der Pflanze früher aphrodisierende Eigenschaften nachgesagt.

Koriander kommt in Mitteleuropa höchstens verwildert vor. Im Garten bevorzugt er einen sonnigen Standort mit lockerem, gut durchlässigem Boden. Man kann die Pflanze aber auch in großen Töpfen am Küchenfenster oder auf dem Balkon ziehen. Frische Blättchen können bis zu Beginn der Blüte fortlaufend geschnitten werden. Zunächst verströmen sie einen unangenehmen Duft, der jedoch beim Kochen verschwindet.

Mit den frisch gehackten Blättern werden in Asien viele köstliche Speisen verfeinert, in der Würzmischung Curry ist Koriander, der aufgrund seiner Ähnlichkeit zur glatten Petersilie auch chinesische Petersilie genannt wird, ein Hauptbestandteil.
Für die Korianderfrüchte werden die reifen Samenstände abgeschnitten und getrocknet bis sich die Körner herausschütteln lassen.

Koriander erinnert geschmacklich an eine Mischung aus Salbei und Orangenschalen und verfeinert viele Gemüse-, Fisch-, Fleisch- und Wildgerichte.
Die besten haben wir in diesem Buch für Sie zusammengestellt.
Wir wünschen viel Spaß beim Nachkochen!

Omelett mit Garnelen

Samosas

Roter Paprikadip

Currybällchen

Tortillas mit Ei

Omelett mit Garnelen

Für 4 Portionen

250 g frische Garnelen
1 Tl Salz
1 El Maisstärke
2 Frühlingszwiebeln
6 Eier
weißer Pfeffer
1/2 El Sonnenblumenöl
250 g Butterschmalz
2 El gehackter frischer
Koriander

Zubereitungszeit: 25 Minuten

(plus Bratzeit)

Pro Portion ca. 333 kcal/1397 kJ

10

Die Garnelen waschen, schälen und den Darm entfernen. Garnelen mit 1/2 Tl Salz und der Maisstärke in eine Schüssel geben. Etwas Wasser zufügen, die Garnelen in der Mischung wenden, bis sie gut damit überzogen sind. Garnelen erneut waschen und trockenreiben.

Die Frühlingszwiebeln putzen, waschen und in feine Röllchen schneiden.

Die Eier in eine Schüssel geben, mit Salz, Pfeffer und Öl mischen und gut verrühren.

Das Butterschmalz in einem Wok oder einer gusseisernen Pfanne erhitzen und die Garnelen darin etwa 2 Minuten braten. Wenn sie rosa sind, aus dem Wok nehmen und auf Küchenpapier abtropfen lassen.

Das verbliebene Schmalz abgießen, auffangen, 2 El davon erneut erhitzen und die Frühlingszwiebeln darin andünsten. Die Eier zugeben und langsam erhitzen. Wenn sie beginnen zu stocken, die Garnelen hinzufügen und alles weiter garen.

Die fertigen Garnelenomeletts auf Teller geben und mit Koriander bestreut servieren.

Samosas

Für 16 Stück

125 g Weizenmehl
Salz
1/2 Tl Currypulver
1/2 Tl schwarzer Pfeffer
1 Tl Kurkuma
1 El Pflanzenöl
1 Tl Butterschmalz
125 g Lammhack
1 Tl frisch geriebener Ingwer
1 Knoblauchzehe
1 Zwiebel
1 Tl Garam massala
1/2 Tl Chilipulver
50 g TK-Erbsen
1 El Zitronensaft
1 El frisch gehackter Koriander
Frittieröl

Zubereitungszeit: 50 Minuten
(plus Zeit zum Gehen)
Pro Stück ca. 50 kcal/210 kJ

Mehl mit etwas Salz, Currypulver, Pfeffer und 1/2 Tl Kurkuma in eine Schüssel geben und mischen. In die Mitte eine Mulde drücken und das Öl hineingießen. Alles verkneten und so viel warmes Wasser zugeben, dass ein fester Teig entsteht. Den Teig gut durchkneten, dann abgedeckt etwa 30 Minuten ruhen lassen.

Butterschmalz in einer Pfanne erhitzen und Hackfleisch darin anschmoren. Knoblauchzehe und Zwiebel schälen und hacken. Mit dem Ingwer zum Fleisch geben und alles etwa 5 Minuten schmoren. Dann die Gewürze (auch das restliche Kurkuma) zugeben, ebenso die TK-Erbsen unterrühren. Weiter schmoren, bis das Fleisch gar ist und die Erbsen weich sind. Die Flüssigkeit sollte vollständig verkocht sein. Die Masse mit Zitronensaft abschmecken. Koriander unterheben und die Pfanne vom Herd nehmen.

Teig nochmals durchkneten, dann daraus eine Rolle formen und in 16 Scheiben schneiden. Diese ausrollen (ca. 15 cm Ø) und halbieren. Je Hälfte einen Tl Füllung darauf setzen. Teigränder befeuchten, dann den Teil ohne Füllung umschlagen, sodass dreieckige Taschen entstehen. Ränder mit einer Gabel gut festdrücken.

Frittieröl in einem großen Topf auf etwa 180 °C erhitzen und Teigtaschen darin von allen Seiten goldbraun frittieren. Aus dem Öl nehmen und auf Küchenpapier abtropfen lassen.

Roter Paprikadipp

Zutaten für ca. 250 ml
4 Paprikaschoten
1 1/2 El Salz
2 Knoblauchzehen
6 El Olivenöl
1 El frisch gehackter
Koriander

Die Paprikaschoten putzen, waschen, Kerne und weiße Innenhäute entfernen und die Schoten längs in Viertel schneiden. Paprikaschoten mit Salz bestreuen und 24 Stunden ziehen lassen.
Den Backofengrill auf höchster Stufe vorheizen. Die Paprikaschoten gut waschen und trockentupfen. Mit der Hautseite nach oben auf ein Backblech legen und unter den Grill legen. Wenn die Haut scharz ist und Blasen wirft, Paprika aus dem Ofen nehmen und etwas abkühlen lassen.
Die Paprika von der Haut befreien. Die Knoblauchzehen schälen und hacken. Die Paprika und den Knoblauch im Mixer pürieren. Das Öl einfließen lassen. Den Koriander unterheben.
Als Dip zu Fisch und Fleisch reichen.

14

Zubereitungszeit: 20 Minuten
(plus Zeit zum Ziehen und Grillen)
Pro Portion ca. 319 kcal/1339 kJ

Tortillas mit Ei

16

Für 4 Portionen

8 Tortillas
250 g Maiskörner (TK)
200 g Erbsen (TK)
150 g Mixed Pickles
3–4 El Erdnussöl
6 Eier
Salz
Pfeffer
Chilipulver
Kreuzkümmelpulver
1/2 Bund Koriandergrün
200 g geriebener
Cheddarkäse

Die Tortillas einzeln aufrollen, in Alu-folie einschlagen und im Backofen bei 150 °C (Umluft 130 °C) ca. 12 Minuten erhitzen.
Die Maiskörner und die Erbsen etwas antauen lassen. Die Mixed Pickles in ein Sieb geben und gut abtropfen lassen. Anschließend klein schneiden. Das Erdnussöl erhitzen und das Gemü-se darin ca. 5 Minuten braten.
Die Eier aufschlagen und würzen. Zum Gemüse geben und unter Rühren ca. 3–5 Minuten stocken lassen.
Das Koriandergrün waschen, trocknen, Blätter abzupfen und fein hacken.
Die Tortillas mit der Eier-Gemüse-Mischung füllen, mit Käse bestreuen und unter dem Grill ca. 5 Minuten goldbraun backen. Mit Koriandergrün bestreut servieren. Dazu passt eine frische Tomaten-Salsa.

Zubereitungszeit: ca. 35 Minuten

Pro Portion ca. 823 kcal/3456 kJ

Curry-bällchen

18

Für 20 Stück

2 Zwiebeln
500 g Hackfleisch
2 Eier
2 El Paniermehl
1/2 Bund frisch
gehackter Koriander
1 Tl Currypulver
Salz
Pfeffer
500 ml Öl
Oliven, Cocktailtomaten,
Gurken, Ananas zur
Dekoration

Zwiebeln schälen und fein hacken. Das Hackfleisch mit Zwiebeln, Eiern, Paniermehl, Koriander und Gewürzen mischen und zu einem Teig verarbeiten. Mit feuchten Händen Bällchen formen.

Das Öl in einem großen Topf erhitzen und die Bällchen darin etwa 5 Minuten goldbraun frittieren. Auf Küchenpapier abtropfen und abkühlen lassen.

Die Bällchen mit verschiedenen Zutaten, wie gefüllten Oliven, Ananasstücken, Maraschinokirschen, Gurken oder Cocktailtomaten auf Spieße stecken und auf einer Platte anrichten.

Zubereitungszeit: ca. 15 Minuten
(plus Frittier- und Abkühlzeit)
Pro Stück ca. 121 kcal/508 kJ

Tomatensalat mit getrockneten Tomaten

Paprikasalat

Gurkensalat Royal

Cobb Salad

Tomaten-salat mit getrockneten Tomaten

Die Tomaten häuten, achteln und ent-kernen. Die Chilischote fein hacken, Korianderblättchen abzupfen, waschen, trocknen und ebenfalls fein hacken. Getrocknete Tomaten in kleine Würfel schneiden, mit frischen Tomaten, Korianderblättchen und Chili vermen-gen.
Aus dem Limettensaft, dem Öl, Salz und Pfeffer ein Dressing zubereiten und über den Tomaten verteilen. Kurz ziehen lassen.

22

Für 6 Portionen
6 Fleischtomaten
1 Bund Koriander
1 grüne Chilischote
entkernt
40 g getrocknete Tomaten
Saft von 1 Limette
3 El Olivenöl
Salz
Pfeffer

Zubereitungszeit: ca. 20 Minuten

Pro Portion ca. 46 kcal/193 kJ

Paprikasalat

Für 4 Portionen

2 grüne Paprikaschoten
1 gelbe Paprikaschote
3 große Tomaten
1 Knoblauchzehe
1 El Sherryessig
5 El Olivenöl
1/2 Tl Zucker
Salz
schwarzer Pfeffer
1/2 Bund Koriander

Zubereitungszeit: ca. 45 Minuten
(plus Kühlzeit)

Pro Portion ca. 125 kcal/525 kJ

24

Backofen auf 200 °C (Umluft 180 °C) vorheizen. Die Paprikaschoten putzen, waschen, halbieren und entkernen. Mit der Schnittfläche nach unten auf ein Backblech legen und im Ofen backen, bis sich die Haut dunkel verfärbt.

Die Paprikaschoten aus dem Ofen nehmen und abkühlen lassen.

Die Schoten häuten und in Würfel schneiden.

Die Tomaten kreuzweise einritzen, mit kochendem Wasser überbrühen, von Stielansatz, Haut und Kernen befreien und das Fruchtfleisch in 2 cm große Stücke schneiden. Die Knoblauchzehe schälen und zerdrücken.

Tomaten und Paprika in eine Schüssel geben. Aus Knoblauch, Essig, Öl, Zucker, Salz und Pfeffer ein Dressing rühren und über das Gemüse gießen. Den Salat 10 Minuten ziehen lassen. Koriander waschen, trockenschütteln und hacken. Paprikasalat mit Koriander bestreut servieren.

Cobb Salad

Für 4 Portionen

6 Scheiben
Frühstücksspeck (Bacon)
2 Hähnchenbrüste
80 g Senfkohl
1 Salatherz
1 kleiner Kopf Radicchio
1 Tomate
1 Avocado
60 g Feta
2 hart gekochte Eier
1/2 rote Zwiebel
100 g Mais (Dose)
4 El Weißweinessig
1 1/2 Tl Senf
1 Tl Zucker
Salz
Pfeffer
150 ml Olivenöl
je 2 El frisch gehackte
Peterseilie und Koriander

Die Speckscheiben in einer Pfanne knusprig braten. Auf Küchenpapier abtropfen lassen. Die Hähnchenbrüste säubern, flach drücken und in der selben Pfanne etwa 15 Minuten braten. Dann herausnehmen und abkühlen lassen. Anschließend in etwa 2 cm große Stücke schneiden. Den Speck klein schneiden. Senfkohl und Salate waschen, trockenschütteln und in mundgerechte Stücke zupfen. Anschließend in eine Schüssel geben. Die Tomate waschen und würfeln. Die Avocado schälen, vom Stein befreien und in dünne Scheiben schneiden. Den Feta würfeln, die Eier pellen und vierteln, die Zwiebel schälen und in Ringe schneiden. Den Mais abtropfen lassen. Aus den restlichen Zutaten – außer den Kräutern – eine Vinaigrette bereiten.
Restliche Salatzutaten auf die Salatblätter geben und die Vinaigrette darüber gießen. Den Salat vorsichtig durchmischen und mit Petersilie und Koriandergrün bestreut servieren.

Zubereitungszeit: ca. 30 Minuten

Pro Portion ca. 623 kcal/2615 kJ

Gurkensalat Royal

Für 4 Portionen

4 Eier
1 Msp. Tamarindenpulver
1 kleine Zwiebel
2 Knoblauchzehen
1 Stück frischer
Ingwer (ca. 2–3 cm)
2–3 Stiele frischer
Koriander
1 Stängel Zitronengras
1 Tl Garnelenpaste
1 Tl Zucker
1/2 Tl Salz
1/2 Tl Kreuzkümmel
1/2 Tl gemahlener Pfeffer
3 1/2 Tl gemahlener
Kurkuma
300 ml Kokosmilch
1 Salatgurke
gekochte Garnelen nach
Belieben
1/4 Bund Koriander

Zubereitungszeit: ca 40 Minuten

(plus Kühlzeit)

Pro Portion ca. 161 kcal/675 kJ

Die Eier hart kochen. Das Tamarinden-pulver mit 1 El Wasser verrühren und quellen lassen. Die Zwiebel und die Knoblauchzehen schälen.

Die Zwiebel fein hacken und in einen Wok geben. Die Knoblauchzehe mit einem Messer zerdrücken und zu den Zwiebeln in den Wok geben.

Den Ingwer schälen, fein hacken und hinzufügen.

Den Koriander waschen, trocken-schütteln, fein hacken und ebenfalls hinzufügen. Das Zitronengras putzen, waschen und die äußeren Blätter entfernen. Den hellen inneren Stängel in etwa 1 cm lange Stücke schneiden und in den Wok geben.

Die Garnelenpaste mit einem Esslöffel zerdrücken und mit Zucker, Salz, Kreuz-kümmel, Pfeffer, Tamarindenwasser und Kurkuma verrühren.

Die Kurkumamischung zu den anderen Zutaten geben und sorgfältig verrüh-ren. Nun die Kokosmilch hinzufügen. Unter Rühren einmal aufkochen lassen, vom Herd nehmen und etwas abkühlen lassen.

Die Gurke waschen und in dünne Scheiben schneiden. Eier abschrecken, pellen und halbieren.

Die Gurkenscheiben mit den halbierten Eiern auf einer Platte anrichten und mit Garnelen und Korianderblättchen garnieren. Alles mit der Würzsauce beträufeln und servieren.

Spargelsuppe
mit Artischocken

Currysuppe
mit Huhn

Suppe
mit Meeresfrüchten

Grüne Suppe

Zucchinisuppe mit Muscheln

Spargelsuppe mit Artischocken

32

Für 4 Portionen

je 250 g grüner und
weißer Spargel
1,5 l Gemüsebrühe
1/2 Tl gemahlener
Koriander
8 kleine Artischocken
12 gekochte Scampi
Salz
Pfeffer
2 El Traubenkernöl
1 El Korianderblätter

Den Spargel waschen und schälen, grünen Spargel nur zu einem Drittel schälen. Die holzigen Enden abschneiden. Spargelstangen in etwa 3 cm lange Stücke schneiden und in 1 l kochender Gemüsebrühe bissfest garen.

Restliche Brühe in einen zweiten Topf geben und mit gemahlenem Koriander würzen. Die Artischocken putzen, vom Stielansatz und äußeren Blätter befreien und vierteln. Artischocken in der Brühe etwa 6 Minuten garen. Anschließend herausnehmen und das Heu entfernen.

Artischocken und Scampi in der Spargelsuppe erhitzen, mit Salz und Pfeffer abschmecken, Öl dazu geben und mit Korianderblättern garniert servieren.

Zubereitungszeit: ca. 30 Minuten

(plus Garzeit)

Pro Portion ca. 117 kcal/491 kJ

Currysuppe mit Huhn

34

Für 4 Portionen

2 rote Chilischoten
3 Frühlingszwiebeln
2 Knoblauchzehen
2 El Sesamöl
1/2 Tl gemahlener Koriander
1/2 Tl gemahlener Kreuzkümmel
1/2 Tl frisch geriebener Ingwer
1/2 Tl Currypulver
500 g Hühnerklein (oder Hühnerbrustfleisch)
4 El Butter
1 Stangensellerie
Saft von 1 Zitrone
Salz

Zubereitungszeit: 30 Minuten
(plus Schmor- und Garzeit)
Pro Portion ca. 212 kcal/889 kJ

Die Chilischoten putzen, waschen, die Kerne entfernen und die Schoten klein schneiden. Die Frühlingszwiebeln putzen und in Röllchen schneiden. Den Knoblauch schälen.

Das Sesamöl in einem Topf erhitzen und Chilis, Frühlingszwiebeln und zerdrückten Knoblauch darin mit Koriander und Kreuzkümmel anschmoren. Ingwer und Currypulver zugeben und alles etwa 15 Minuten weiterschmoren. Dann die Mischung im Mixer pürieren und zurück in den Topf geben.

Das Hühnerklein waschen und trockentupfen. Die Butter in einer Pfanne erhitzen und das Hühnerklein darin etwa 10 Minuten von allen Seiten gut anbraten. Den Stangensellerie putzen, waschen, klein schneiden und zum Hühnerfleisch geben. Kurz mitschmoren.

Fleisch und Gemüse zu der Gewürzmischung in den Topf geben und mit 1 l Wasser auffüllen.

Alles etwa 20 Minuten köcheln, dann mit Zitronensaft und Salz abschmecken.

Suppe mit Meeresfrüchten

36

Für 4 Portionen

5 g Wakame (Braunalge)
1 l Gemüsebrühe
1 El Bonitoflocken
100 g rohes Lachsfilet
150 g Rotbarbenfilet
150 g Tintenfischringe
4 rohe Garnelenschwänze
1 Zucchini
50 g Bambussprossen
aus der Dose
1 Tl helle Misopaste
1 Tl frisch gehackter
Koriander

Die Alge in eine Schüssel geben und mit lauwarmem Wasser übergießen. Abgedeckt etwa 20 Minuten ziehen lassen. Anschließend Wakame aus dem Wasser nehmen und klein schneiden. Die Gemüsebrühe in einem Topf aufkochen und die Bonitoflocken darin bei geringer Temperatur einige Minuten ziehen lassen.

Die Fischfilets, Tintenfischringe und Garnelenschwänze waschen, trockentupfen und würfeln. Zucchini putzen und waschen, Bambussprossen abtropfen lassen. Zucchini und Bambussprossen in feine Stifte schneiden.

Die Brühe durch ein Sieb gießen, Bonitoflocken entsorgen. Die Misopaste mit etwas Brühe ver-rühren und in der restlichen heißen Brühe aufkochen. Das Gemüse zuge-ben und etwa 1 Minuten mitköcheln.

Die Brühe vom Herd nehmen und Fisch und Meeresfrüchte hineingeben. Abgedeckt etwa 2 Minuten ziehen lassen. Die Suppe mit Koriander bestreut servieren.

Zubereitungszeit 35 Minuten
(plus Einweich- und Kochzeit)
Pro Portion ca. 145 kcal/607 kJ
24 g E · 4 g F · 2 g KH

Zucchini-suppe mit Muscheln

38

Muscheln gut putzen, geöffnete Schalen entfernen. In reichlich Wasser kochen, bis sich die Schalen öffnen. Abgießen, Kochsud aufbewahren. Die ungeöffneten Muscheln entfernen. Anschließend die Hälfte des Muschelfleisches aus den Schalen lösen.

Knoblauch schälen, hacken und in 1 El heißem Öl andünsten. Die Zucchini putzen und in Scheiben schneiden. Mit Zitronenschale und Koriander zum Knoblauch geben und mitschmoren. Hühnerbrühe angießen und alles etwa 15 Minuten köcheln.

Die Suppe pürieren, Muschelsud und restliche Muscheln zugeben und mit Salz und Pfeffer abschmecken. Weißbrot im restlichen Olivenöl rösten und zur Suppe reichen.

Für 4 Portionen
650 g gemischte Muscheln (z. B. Herz-, Venus-, Miesmuscheln)
1 Knoblauchzehe
4 El Olivenöl
3 kleine Zucchini (ca. 650 g)
abgeriebene Schale von 1 unbehandelten Zitrone
1 El frisch gehackter Koriander
1 l Hühnerbrühe
Salz
Pfeffer
4 Weißbrotscheiben

Zubereitungszeit 30 Minuten
(plus Schmor- und Garzeit)
Pro Portion ca. 239 kcal/1003 kJ

Grüne Suppe

40

Für 4 Portionen

1 kg Kartoffeln
500 Gramm
portugiesischer Grünkohl
bzw. Wirsing
Olivenöl
Salz
2 Knoblauchzehen
1,5 l Hühnerbrühe
100 g Chouriço
(portugiesische
Paprikawurst)
2 El frisch gehackter
Koriander

Die Kartoffeln schälen und in kleine Stücke schneiden. In einen Topf geben und knapp mit Wasser bedecken. Salz und etwas Olivenöl dazugeben und in etwa 20 Minuten weich garen.

Den Kohl putzen, gründlich waschen und harte Strünke entfernen, den Kohl klein schneiden. Die Knoblauchzehen schälen und fein hacken.

Die Kartoffeln nach der Garzeit pürieren. Den Kohl, Knoblauch und die Brühe hinzufügen, alles weitere 10 Minuten garen, bis der Kohl bissfest ist, dann die Suppe mit Salz, Pfeffer und Olivenöl würzen.

Die Wurst in Scheiben schneiden und in der Suppe erhitzen. Grüne Suppe mit Koriander bestreut servieren.

Zubereitungszeit: 30 Minuten
(plus Garzeit)
Pro Portion ca. 317 kcal/1331 kJ

Hühnersuppe mit Glasnudeln

Für 4 Portionen

500 g Hühnerbrustfilet
Salz
Pfeffer
100 g frische Austernpilze
1/2 Bund
Frühlingszwiebeln
2 Tomaten
1 El Sesamöl
750 ml Hühnerbrühe
100 g Sojasprossen
100 g Glasnudeln
2 El frisch gehackter
Koriander

Das Hühnerbrustfilet in Streifen schneiden und mit Salz und Pfeffer würzen. Die Pilze waschen, putzen, und klein schneiden.

Die Frühlingszwiebeln putzen, waschen und in Röllchen schneiden. Die Tomaten heiß überbrühen, häuten, von Kernen und Stielansätzen befreien und achteln. Das Sesamöl in einem Topf erhitzen und die Frühlingszwiebeln darin etwa 1 Minute andünsten. Die Austernpilze zugeben und 2 Minuten mitschmoren. Die Hühnerbrühe in einem zweiten Topf erhitzen und zu den Pilzen geben. Aufkochen, dann die Hühnerfleischstreifen zugeben. 3–4 Minuten in der Brühe köcheln. Anschließend die Tomatenachtel und Sojasprossen in die Suppe geben und alles 1 weitere Minute köcheln.

Die Glasnudeln mehrmals zerschneiden und in die heiße Suppe geben. 5 Minuten ziehen lassen. Die Suppe mit Koriander bestreuen und servieren.

Zubereitungszeit: 20 Minuten

(plus Schmor- und Garzeit)

Pro Portion ca. 270 kcal/1134 kJ

Blumenkohl

Kichererbsen mit Spinat

Ausgebackene Zucchini

Französische
Kürbis-Apfel-Galette

Marokkanische
Kartoffeltäschchen

Blumenkohl

Für 4 Portionen

1 großer Blumenkohl
1/2 Bund
Frühlingszwiebeln
2 Knoblauchzehen
2 cm Ingwer
6 El Öl
1/2 Tl Senfkörner
1 rote Chilischote
1 Msp. gemahlener
Kreuzkümmel
1 Msp. Safran
1 El Curry
Salz
Saft von 1 Zitrone
1/2 Bund Koriander

Zubereitungszeit: 20 Minuten
(plus Zeit zum Wässern,
Röst- und Schmorzeit)
Pro Portion ca. 108 kcal/454 kJ

Den Blumenkohl 10 Minuten in Salzwasser wässern. Abtropfen lassen und in Röschen zerteilen. Die Frühlingszwiebeln putzen, waschen und in Röllchen schneiden. Knoblauch schälen und fein hacken. Ingwer schälen und fein reiben.

Das Öl in einen großen Topf geben und erhitzen. Die Senfkörner darin kurz rösten, Zwiebeln und Knoblauch zugeben und glasig schmoren. Die Chilischote putzen, waschen und fein hacken. Ebenfalls in den Topf geben. Blumenkohl und Gewürze zufügen und mit Salz würzen.

Den Topf abdecken und den Blumenkohl darin etwa 20 Minuten schmoren, dabei gelegentlich umrühren. Anschließend mit Zitronensaft beträufeln und servieren. Den Koriander waschen, trockenschütteln und die Blättchen fein hacken. Den Blumenkohl damit bestreuen.

Kichererbsen mit Spinat

48

Für 4 Portionen

250 g Kichererbsen
1 kg frischer Spinat
2 rote Zwiebeln
4 Knoblauchzehen
Salz
Pfeffer
1/2 Tl Kreuzkümmel
1/2 Tl Cayennepfeffer
125 ml Gemüsebrühe
4 El Olivenöl
2 El frisch gehackter
Koriander

Zubereitungszeit: 30 Minuten
(plus Einweich- und Garzeit)
Pro Portion ca. 176 kcal/739 kJ

Die Kichererbsen über Nacht in Wasser einweichen. Am nächsten Tag abgießen und abtropfen lassen. In einem Topf mit wenig gesalzenem Wasser etwa 60 Minuten garen, dann abgießen.

Den Spinat verlesen, putzen und waschen. Die Zwiebeln schälen und in Scheiben schneiden.

Den Knoblauch schälen und hacken. Ein Drittel des Spinats in einen großen Topf geben, mit der Hälfte von Zwiebeln, Knoblauch und Kichererbsen bedecken und würzen. Diesen Vorgang wiederholen. Die letzte Schicht besteht aus Spinat.

Die Brühe darüber gießen und das Öl auf die Oberfläche träufeln. Diese Mischung abgedeckt bei geringer Temperatur etwa 30 Minuten garen. Nach Bedarf Brühe nachgießen. Mit Koriander garnieren und servieren.

Aus-gebackene Zucchini

50

Für 4 Portionen

800 g Zucchini
125 g gemahlene Cashewkerne
50 g geriebener Parmesan
1/2 Bund Koriander
1 Ei
1 Prise Salz
Pfeffer
60 ml Erdnussöl
400 g Schmand
100 g Joghurt
1 Knoblauchzehe
1 kleine rote Paprikaschote
Ingwer- und Kreuz-kümmelpulver

Die Zucchini waschen, trocknen und längs in dünne Scheiben schneiden. Die Cashews mit dem Käse vermengen. Das Koriandergrün waschen, trocknen, fein hacken und unter die Käsemasse heben.
Das Ei in einer Schüssel verquirlen, salzen und pfeffern. Die Zucchinischeiben zunächst durch das Ei ziehen und anschließend in der Käsemasse wenden. Die Panade etwas andrücken. Das Öl im Wok erhitzen und die Zucchinischeiben darin goldbraun backen.
Den Schmand mit dem Joghurt in einer Schüssel verrühren. Die Knoblauchzehe schälen und dazupressen.
Die Paprikaschote waschen, halbieren, entkernen, in sehr kleine Würfel schneiden und unter den Dip rühren.
Alles mit Salz, Pfeffer, Ingwer- und Kreuzkümmelpulver abschmecken. Die Zucchinischeiben mit dem Dip servieren.

Zubereitungszeit: ca. 30 Minuten

Pro Portion ca. 816 kcal/3430 kJ

Französische Kürbis-Apfel-Galette

Für 4 Portionen

350 g Mehl
1 Prise Salz
170 g Butter
125 ml Eiswasser
400 g Kürbis
(aus dem Glas)
400 g Cocktail-Äpfel
(aus der Dose)
Kardamom-, Koriander-
und Ingwerpulver

Zubereitungszeit: ca. 25 Minuten
(plus Ruhe-, Zieh- und -Backzeit)
Pro Portion ca. 548 kcal/2304 kJ

Das Mehl mit dem Salz in eine Schüssel geben und gut verrühren. 150 g kalte Butter in Flöckchen schneiden, dazugeben und alles mit dem Quirl verrühren. Das Eiswasser nach und nach dazugeben, bis ein glatter Teig entsteht.

Das Ganze dann in Frischhaltefolie wickeln und ca. 30 Minuten an einem kühlen Ort ruhen lassen. In der Zwischenzeit den Kürbis und die Cocktail-Äpfel in einem Sieb abtropfen lassen. Dann mit den Gewürzen abschmecken. Das Obst ca. 30 Minuten ziehen lassen. Den Backofen auf 180 °C (Umluft 160 °C) vorheizen.

Ein Backblech mit Backpapier auslegen. Den Teig auf einer bemehlten Arbeitsfläche zu einem Kreis von ca. 28 cm Durchmesser ausrollen und einen Rand formen.

Das Obst darauf verteilen und dabei einen Rand von ca. 5 cm frei lassen. Den Rand mit den Händen hochziehen und etwas über die Füllung drücken. Die restliche Butter in Flöckchen über das Obst verteilen und den Teigrand mit Wasser bestreichen.

Das Ganze auf das Backblech geben und im Backofen auf der mittleren Einschubleiste ca. 40 Minuten backen. Vor dem Servieren ca. 10 Minuten ruhen lassen.

Marokka-nische Kartoffel-täschchen

54

Für 4 Portionen

700 g mehlig kochende
Kartoffeln
1 Ei
150 g Mehl
Salz
1 Zwiebel
2 El Pflanzenöl
100 g geräucherter Tofu
Pfeffer
Chilipulver
3 El frischer, gehackter
Koriander
2 Tomaten
Öl zum Frittieren

Die Kartoffeln waschen, kochen, pellen und noch warm durch eine Kartoffelpresse drücken oder zerstampfen. Die Masse mit dem Ei, dem Mehl und etwas Salz sorgfältig vermengen.

Die Zwiebeln schälen und in feine Würfel schneiden. Das Pflanzenöl in einer Pfanne erhitzen und die Zwiebeln glasig dünsten. Den Tofu in kleine Würfel schneiden und ebenfalls andünsten. Mit Pfeffer und etwas Chilipulver würzen, die Korianderblättchen unterrühren und die Pfanne vom Herd nehmen.

Die Tomaten waschen, die Stielansätze entfernen, kreuzweise einschneiden, überbrühen, häuten, entkernen, das Fruchtfleisch in Würfel schneiden und zu der Tofumasse geben.

Aus der Kartoffelmasse 10 Kugeln formen, in die Mitte eine Vertiefung drücken und etwas von der Tofufüllung hineingeben. Die Kugeln wieder gut mit Teig verschließen.

Die Kartoffeltäschchen in heißem Öl schwimmend frittieren, auf Küchenkrepp abtropfen lassen und mit etwas Blattsalat servieren.

Zubereitungszeit: ca. 30 Minuten
(plus Garzeit)
Pro Portion ca. 502 kcal/2108 kJ

Linsenpuffer

56

Für 4 Portionen

75 g braune Linsen
175 g Bulgur
1 kleine Salatgurke
250 g Naturjoghurt
3–4 Knoblauchzehen
1 Tl Meersalz
1 Zwiebel
80 ml Olivenöl
3 Tl Kreuzkümmel
2 Tl gemahlener Koriander
3 El gehackte frische
Minze
4 Eier
Mehl

Zubereitungszeit: 30 Minuten

(plus Garzeit)

Pro Portion ca. 458 kcal/1922 kJ

Die Linsen mit 300 ml Wasser 30 Minuten gar köcheln. Vom Herd nehmen, mit so viel Wasser auffüllen, das die Linsen gerade bedeckt sind. Den Bulgur darin zugedeckt 1 1/2 Stunde quellen lassen. Die Gurke putzen, waschen, schälen, längs halbieren und die Kerne entfernen. Die Gurke grob reiben und mit dem Joghurt vermischen. Den Knoblauch schälen und 2 Zehen hinzupressen, mit Salz abschmecken.

Die Zwiebel schälen, fein würfeln und in der Hälfte des Öls mit dem restlichen Knoblauch 5 Minuten dünsten. Kreuzkümmel und Koriander darunter rühren. Mit den Linsen, der Minze, den Eiern, etwas Mehl und Meersalz verkneten. Ist die Masse dickflüssig, noch etwas Mehl hinzufügen.

Das restliche Öl erhitzen und nacheinander aus der Masse kleine Puffer backen. Abtropfen lassen, mit Meersalz würzen und warm mit der kalten Joghurtsauce servieren.

Reis mit Meeresfrüchten

Tomatenreis

Joghurtreis mit Linsen

Safranreis

Reiskuchen mit Gemüse

Reis mit Meeres-früchten

Für 4 Portionen

200 g Reis
Salz
600 g gemischte
TK-Meeresfrüchte
1 Zwiebel
1 Knoblauchzehe
4 El Maiskeimöl
1 Tl gemahlenes
Zitronengras
Pfeffer
2 getrocknete rote
Chilischoten
1 El Reiswein
1 El Zitronensaft
2 El Austernsauce
4 El Sojasauce
1/2 Bund frisch gehackter
Koriander

Den Reis waschen, abtropfen lassen und in kochendem Salzwasser etwa 20 Minuten garen. Dann abgießen und gut abtropfen lassen. Abkühlen.
Die Meeresfrüchte auftauen lassen. Zwiebel und Knoblauch schälen und fein hacken. Das Öl in einer großen Pfanne erhitzen, Zwiebel und Knoblauch darin andünsten. Die Meeresfrüchte wenn nötig klein schneiden, dann in die Pfanne geben und gut anbraten. Mit Salz, Zitronengras und Pfeffer würzen.
Zerriebene Chilischoten, Reiswein und Zitronensaft dazugeben und die Mischung gut durchrühren. Alles weiter schmoren, bis kaum noch Flüssigkeit vorhanden ist. Dann Austern- und Sojasauce zufügen und den Reis unterheben. Unter Rühren den Reis heiß werden lassen.
Den Koriander waschen, trocken-schütteln und klein hacken. Über den Pfanneninhalt streuen und diesen sofort servieren.

Zubereitungszeit: 25 Minuten

(plus Gar- und Schmorzeit)

Pro Portion ca. 345 kcal/1449 kJ

Reiskuchen mit Gemüse

Für 4 Portionen

200 g Duftreis

Salz

2 Knoblauchzehen

5 cm frische Ingwerwurzel

1 rote Chilischote

1/2 Bund
Frühlingszwiebeln

2 Möhren

150 g Brokkoli

500 ml Öl

250 ml Gemüsebrühe

2 El Nuoc Mam

2 El Sojasauce

2 El frisch gehackter
Koriander

Zubereitungszeit 30 Minuten

(plus Gar-, Schmor- und Bratzeit)

Pro Portion ca. 555 kcal/2331 kJ

6 g E · 39 g F · 44 g KH

Den Reis in kochendem Salzwasser nach Packungsanweisung garen. Den Backofen auf 200 °C (Umluft 180 °C) vorheizen. Den Reis abgießen, abtropfen lassen und in eine gefettete Auflaufform schichten. Den Reis im Ofen etwa 1 Stunde fest werden lassen.

Den Knoblauch und den Ingwer schälen und fein hacken. Die Chili putzen, waschen, entkernen und hacken. Die Frühlingszwiebeln putzen, waschen und in Ringe schneiden. Die Möhren schälen und in Scheiben schneiden. Den Brokkoli putzen und in Röschen teilen.

2 El Öl im Wok erhitzen und Knoblauch mit Ingwer und Chili darin unter Rühren andünsten. Restliches Gemüse hinzufügen und alles etwa 3 Minuten schwitzen. Brühe mit den beiden Saucen mischen und zum Gemüse geben. Aus dem Wok nehmen.

Den Wok auswischen und das restliche Öl darin erhitzen. Den Reiskuchen in vier Teile brechen und portionsweise im Öl ausbacken. Auf Teller verteilen und mit dem Gemüse bedecken. Mit Koriander bestreut servieren

Joghurtreis mit Linsen

Für 4 Portionen

100 g Vollkornreis
50 g kleine grüne
Puy-Linsen
500 ml Gemüsefond (FP)
Salz
Pfeffer
Koriander- und
Ingwerpulver
60 g Pfefferbutter
100 g Perlzwiebeln aus
dem Glas
Kreuzkümmel- und
Nelkenpulver
1 El Himbeeressig
4–5 El Naturjoghurt

Den Reis zusammen mit den Linsen in dem Gemüsefond ca. 20 Minuten kochen lassen. Mit Salz, Pfeffer, Koriander- und Ingwerpulver abschmecken. Die Butter im Wok erhitzen. Die gut abgetropften Perlzwiebeln darin unter Rühren 4–5 Minuten braten. Die Reis-Linsen-Mischung in ein Sieb geben und gut abtropfen lassen. Zu den Perlzwiebeln geben.

Alles mit Kreuzkümmel- und Nelkenpulver abschmecken. Den Essig dazugeben und alles bei milder Hitze ca. 3–5 Minuten garen. Den Joghurt vorsichtig unterheben und alles sofort anrichten und servieren.

Zubereitungszeit: ca. 30 Minuten
Pro Portion ca. 298 kcal/1253 kJ

64

Tomatenreis

Für 4 Portionen
1 Gemüsezwiebel
2 Knoblauchzehen
2 große Tomaten
2 El Olivenöl
225 g Naturreis
500 ml Gemüsebrühe
3 El frisch gehackter
Koriander
Salz
Pfeffer

Zubereitungszeit: 15 Minuten
(plus Gar- und Schmorzeit)
Pro Portion ca. 237 kcal/995 kJ

Die Zwiebel und die Knoblauchzehen schälen und fein hacken. Die Tomaten mit kochendem Wasser überbrühen, von Stielansatz, Häuten und Kernen befreien und fein hacken.

Das Olivenöl in einem Topf erhitzen und Zwiebel mit Knoblauch darin glasig dünsten. Die Tomatenwürfel hinzufügen und etwa 3 Minuten unter Rühren mitschmoren.

Reis und Brühe in die Pfanne geben und alles gut vermischen. Aufkochen und den Reis bei geringer Temperatur etwa 20 Minuten weich garen. Mit Salz und Pfeffer würzen, Koriander unterheben. Den Tomatenreis zu gebratenem Fisch servieren.

Safranreis mit Lamm

Für 4 Portionen

4 Scheiben Toast
2 Knoblauchzehen
400 g Lammhack
2 Eier
Salz
1 El edelsüßes Paprikapulver
200 g Langkornreis
1/2 Tl gemahlener Safran
750 g Kürbisfleisch
250 g gelbe Paprikaschote
3 cm frischer Ingwer
8 El Pflanzenöl
1 Tl Zucker
1/2 Tl Cayennepfeffer
3 El gehackter frischer Koriander

Zubereitungszeit: ca. 1 Stunde
Pro Portion ca. 730 kcal/3066 kJ

Das Weißbrot in Wasser einweichen, dann ausdrücken. Die Knoblauchzehen schälen, eine Zehe zerdrücken. Hackfleisch mit Toast, Knoblauch, Eiern, Salz und Paprikapulver mischen und zu einem glatten Teig verarbeiten. 20 Minuten kalt stellen. Aus dem Teig Bällchen formen.

Den Reis in 1/2 Liter Wasser mit Salz und Safran geben und nach Packungsanweisung garen. Das Kürbisfleisch schälen, Kerne und weiße Innenhäute entfernen, das Fruchtfleisch in Würfel schneiden. Paprika putzen, waschen, entkernen und in Streifen schneiden. Den Ingwer schälen und mit der restlichen Knoblauchzehe fein hacken.

3 Esslöffel Öl in einem Topf erhitzen und Knoblauch und Ingwer darin andünsten. Kürbiswürfel zugeben und mit Salz, Zucker und Cayennepfeffer würzen.

6 Esslöffel Wasser hinzufügen und alles 10 Minuten abgedeckt garen. Paprika dazugeben und weitere 4 Minuten mitgaren. Das restliche Öl erhitzen und die Lammbällchen darin 8 Minuten rundherum braten.

Gegarten Reis mit Koriander mischen und unter die Gemüsemasse heben. 3 Minuten ziehen lassen, dann mit den Lammhackbällchen servieren.

Fischcurry

Muscheln mit Kräutern

Red Snapper

Dorade süß-sauer

Schwimmkrebse

Wolfsbarsch
mit Koriander

Fischcurry

Für 4 Portionen

4 Kabeljaufilets (à 200 g)
Salz
2 grüne Chilischoten
2 Knoblauchzehen
2 El Kokoscreme
2 fast reife Mangos
3 El Öl
1 Schalotte
1 Tl gemahlener Kreuzkümmel
2 Tl gemahlener Koriander
1 El Zitronensaft
2 El Austernsauce

Die Fischfilets in Würfel schneiden. Mit Salz bestreuen und 10 Minuten stehen lassen.

Chilis putzen, waschen, entkernen und in dünne Ringe schneiden. Knoblauch schälen und durchdrücken. Chilis mit Knoblauch und Kokoscreme im Mixer zerkleinern oder mit einem Mörser zerstoßen. Mangos schälen, das Fruchtfleisch von den Kernen und dann in schmale Spalten schneiden.

Das Öl im Wok erhitzen. Schalotte schälen und in Ringe schneiden, im heißen Öl 2 Minuten schmoren, dann die Fischwürfel zugeben und von allen Seiten gut braten. Die zerstoßene Mischung, Kreuzkümmel, Koriander, Mangospalten, Zitronensaft und Austernsauce zugeben und alles abgedeckt etwa 10 Minuten köcheln.

Das Fischcurry mit Reis servieren.

Zubereitungszeit: 25 Minuten

(plus Zeit zum Einziehen, Schmor- und Garzeit)

Pro Portion ca. 213 kcal/893 kJ

72

Muscheln mit Kräutern

Für 4 Portionen

2 Zwiebeln
2 Knoblauchzehen
75 g Knoblauchwurst
75 g gekochter Schinken
2 El Olivenöl
1 Tl Piri-Piri
1 kg Venusmuscheln
3 El frisch gehackte
Petersilie
2 El frisch gehackter
Koriander
1 Tl Oregano
4 El Weißwein
Salz

Zubereitungszeit: 40 Minuten
(plus Schmor- und Garzeit)
Pro Portion ca. 320 kcal/1344 kJ

Zwiebeln und Knoblauch schälen und hacken. Wurst und Schinken in Würfel schneiden. Das Öl in einem Topf erhitzen, Zwiebeln und Knoblauch darin glasig dünsten. Wurst, Schinken und Piri-Piri zugeben und unterrühren. Abgedeckt etwa 15 Minuten bei geringer Temperatur köcheln.

Inzwischen die Muscheln unter fließendem Wasser gut abbürsten, geöffnete Schalen wegwerfen.

Die Muscheln mit den Kräutern in den Topf geben, den Wein angießen und salzen. Alles weitere 7 Minuten garen, bis sich die Muscheln öffnen. Jetzt noch geschlossene Muscheln entfernen. Die Muscheln im Topf servieren. Dazu Brot reichen.

Red Snapper

Für 4 Portionen
3 Knoblauchzehen
1 Stück Ingwer (ca. 3 cm)
5 El frisch gehackter
Koriander
500 ml Sojasauce
2 El Zucker
2 El Austernsauce
500 ml Gemüsebrühe
4 Red Snapper Filets
(ca. 150 g pro Stück)
4 Frühlingszwiebeln
2 rote Chilischoten
8 El Sesamöl

Zubereitungszeit: 20 Minuten
(plus Garzeit)
Pro Portion ca. 143 kcal/600 kJ

Den Knoblauch schälen und fein hacken. Den Ingwer waschen, nicht schälen, sondern leicht andrücken. Knoblauch, Ingwer, Koriander, Sojasauce, Zucker, Austernsauce und Gemüsebrühe in einen großen Topf geben und aufkochen.
Die gewaschenen und trockengetupften Fische in den Sud legen.
Bei geringer Temperatur und abgedeckt etwa 10 Minuten auf beiden Seiten darin ziehen lassen.
Die Frühlingszwiebeln putzen, waschen und in feine Streifen schneiden.
Die Chilischoten putzen, waschen, entkernen und in dünne Ringe schneiden.
Die Fische aus dem Sud nehmen und mit je 250 ml Sud auf einen großen Teller geben. Mit Frühlingszwiebeln und Chiliringen bestreuen. Das Sesamöl erhitzen und zuletzt über die Fische träufeln.

Schwimm-krebse

Die Schwimmkrebse gründlich unter fließendem Wasser spülen, gut abtrocknen und dann halbieren.
Das Öl im Wok erhitzen und die Krebse darin scharf anbraten. Danach die Currypaste, den fein gehackten Palmzucker, die Austern- und Fischsauce darüber geben und anrösten.
Mit der Kokosmilch aufgießen und köcheln lassen, bis die Krebse richtig rot sind.
In feine Streifen geschnittene Korianderblätter in die Sauce geben und mit Kokosraspeln bestreut servieren.

Für 4 Portionen
12 Schwimmkrebse
4 El Pflanzenöl
1 El gelbe Currypaste
1 El Palmzucker
4 El Austernsauce
2 El Fischsauce
2 Dosen Kokosmilch
(à 400 ml)
1/2 Bund Koriander
1 El Kokosraspel

Zubereitungszeit: ca. 20 Minuten
Pro Portion ca. 232 kcal/970 kJ

78

Dorade süß-sauer

Für 4 Portionen

4 Doradenfilets mit
Haut (à 120 g)
6 mittelgroße Karotten
4 Lauchstangen
4 El Pflanzenöl
2 El Tomatenketchup
4 El Sweet-Sour-Sauce
2 El Fischsauce
1/2 Bund Koriander

Zubereitungszeit: ca. 25 Minuten

Pro Portion ca. 347 kcal/1455 kJ

Die Fischfilets waschen, trockentupfen und von Gräten befreien. Dann in 3 cm lange Stücke schneiden. Die Karotten waschen, schälen und mit dem Sparschäler in Streifen schneiden. Die Lauchstangen in etwa 15 cm lange Streifen schneiden, waschen und trockenschütteln.

Die Fischstücke in 2 El heißem Öl im Wok nur auf der Hautseite kurz anbraten, herausnehmen.

Im restlichen Öl das Gemüse scharf anbraten, zusammenfallen lassen, mit Ketchup und Sweet-Sour-Sauce würzen, mit Fischsauce ablöschen. Danach die Fischstücke wieder zugeben und vorsichtig durchmischen. Zum Schluss den fein gehackten Koriander untermischen. Darauf achten, dass die Sauce nicht zu sehr einkocht, eventuell mit etwas Wasser ablöschen.

Wolfsbarsch mit Koriander

Für 4 Portionen

150 g Butter
1 1/2 kg küchenfertiger Wolfsbarsch
4 Zwiebeln
4 Knoblauchzehen
4 Tomaten
1/2 Bund Koriander
2–4 Limetten
130 ml trockener Weißwein
Salz
Pfeffer
Alufolie

Zubereitungszeit: ca. 15 Minuten
(plus Garzeit)

Pro Portion ca. 520 kcal/2184 kJ

82

Backofen auf 220 °C (Umluft 200 °C) vorheizen. Je nach Größe der Fische 1 oder 2 große Stücke Alufolie dick mit Butter bestreichen. Den Fisch waschen, trocknen und darauf legen. Fisch mit der restlichen Butter bestreichen.

Die Zwiebeln und den Knoblauch schälen und in Scheiben schneiden. Die Tomaten kreuzweise einritzen, mit kochendem Wasser überbrühen, anschließend häuten, entkernen und würfeln. Den Koriander waschen und trockenschütteln.

Das Gemüse und den Koriander auf dem Fisch verteilen. Die Limetten halbieren und auspressen. Den Fisch mit 8 El Limettensaft und dem Weißwein beträufeln. Mit Salz und Pfeffer würzen.

Die Alufolie über dem Fisch zusammenfalten und fest verschließen. Fische im vorgeheizten Backofen etwa 45 Minuten garen lassen. Faustregel für die Garzeit: Die dickste Stelle des Fisches messen. Pro Zentimeter Dicke rechnet man etwa 5 Minuten Garzeit. Den Fisch in der Folie servieren. Dazu schmeckt Reis.

Asia-Gulasch

Gedämpftes Schweinefilet

Putenbrust
mit Litschis

Saté
mit Hühnchen

Rehrücken

Asia-Gulasch

Für 4 Portionen

600 g Schweinefleisch
2–3 rote Zwiebeln
2 Knoblauchzehen
100 g Suppengrün (TK)
4–5 El Erdnussöl
300–400 g Linsen
aus der Dose
125 ml Asiafond (FP)
1–2 EL Sojasauce
1–2 El Apfelessig
Salz
Pfeffer
Nelkenpulver
1 Prise Zucker
1/2 Bund Koriandergrün

Das Fleisch in gleichmäßig kleine Würfel schneiden. Zwiebeln und Knoblauchzehen schälen und fein würfeln. Die Zwiebel- und Knoblauchwürfel zusammen mit dem Suppengrün in dem Erdnussöl 2–3 Minuten anbraten. Das Fleisch dazugeben und unter Rühren ca. 3–4 Minuten mitbraten.
Die Linsen auf ein Sieb geben und gut abtropfen lassen. Zusammen mit dem Asiafond in den Wok zum Fleisch geben und bei milder Hitze ca. 4–5 Minuten schmoren lassen.
Das Gulasch mit der Sojasauce, dem Essig und den Gewürzen pikant abschmecken. Das Koriandergrün waschen, trocknen und fein hacken. Das Gulasch anrichten und mit Koriandergrün bestreut servieren.

Zubereitungszeit: ca. 20 Minuten

Pro Portion ca. 589 kcal/2474 kJ

86

Gedämpftes Schweinefilet

Das Schweinefleisch in 2 cm große Stücke schneiden. In Fisch- und Austernsauce 10 Minuten marinieren. Limetten in Scheiben schneiden. Den Koriander waschen, trockenschütteln und die Blättchen abzupfen.

Vier Bambuskörbchen mit Limettenscheibchen auslegen, das marinierte Fleisch darauf legen und mit den Korianderblättern bestreuen. Die Körbchen mit dem Deckel verschließen.

Im Wok etwas Wasser erhitzen, die Körbchen darüber stellen. Nach 5 Minuten die oberen Körbchen mit den unteren tauschen, damit alles gleichmäßig dämpft.

Das gedünstete Fleisch noch für 6–8 Minuten abgedeckt stehen lassen und dann mit roten Pfefferkörnern bestreut servieren.

Putenbrust mit Litschis

Für 4 Portionen
4 Putenbrüste
3 Schalotten
5 Frühlingszwiebeln
1 Banane
12 frische Litschis
4 El Maiskeimöl
1 Tl Currypulver
Saft von 1 Orange
100 ml Kokoscreme
1 Tl Cayennepfeffer
3 El frisch gehackter
Koriander

Das Entenfleisch in Streifen schneiden. Die Kardamomsamen aus der Schale brechen und mit Koriander, Pfefferkörnern, Nelken und Zimt im Mörser zerstoßen. Die Kurkuma dazugeben. Die Chilischote putzen, waschen, entkernen und sehr fein hacken. Zwiebeln, Knoblauch und Ingwer schälen und fein hacken.

1 El Öl im Wok erhitzen. Zwiebeln und Knoblauch darin unter Rühren etwa 5 Minuten anbraten, bis die Zwiebeln leicht gebräunt sind. Gewürze, Chilischoten, Ingwer und Currypulver unter die Mischung rühren, anschwitzen und die Hühnerbrühe angießen. Die Mischung aufkochen, die Kokosmilch einrühren, etwa 3 Minuten köcheln. Dann abschmecken. Die Erdnüsse in einer Pfanne ohne Fett rösten. Das restliche Öl in einer Pfanne erhitzen. Die Entenfleischstücke darin etwa 2 Minuten unter Rühren braten. In die Currymischung geben, alles einmal erhitzen und die Erdnüsse unterheben. Mit Reis servieren.

Zubereitungszeit: 30 Minuten (plus Bratzeit)

Pro Portion ca. 355 kcal/1491 kJ

Saté mit Hühnchen

Für 4 Portionen

350 g Hühnerbrust
2 Knoblauchzehen
1 Tl Chilipulver
1 1/2 Tl gemahlener
Kreuzkümmel
2 Tl gemahlener Koriander
1 El Limettensaft
1 Tl Ingwerpulver
4 El Kokoscreme
1 El frisch gehackte Minze

Zubereitungszeit: 20 Minuten

(plus Brat- und Garzeit)

Pro Portion ca. 103 kcal/433 kJ

Das Hühnchenfleisch in mundgerechte Würfel schneiden. Die Knoblauchzehen schälen und zerdrücken. 1 Knoblauchzehe, Chilipulver, 1 Tl Kreuzkümmel, 1 Tl Koriander und Limettensaft miteinander mischen und das Hühnchenfleisch darin mindestens 4 Stunden marinieren.

Für die Sauce restlichen Knoblauch und Kreuzkümmel, Ingwer, restlichen Koriander und Kokoscreme miteinander mischen und kühl stellen.

Das Hühnchenfleisch aus der Marinade nehmen, trockentupfen und auf Holzspieße stecken. Unter dem heißen Backofengrill oder auf einem Gartengrill knusprig braten, dabei häufig mit der restlichen Marinade bestreichen.

Die Sauce in einem Topf erwärmen. Die Minzeblätter zugeben und die Sauce getrennt zu den Satéspießchen reichen.

Rehrücken

Für 4 Portionen
1,5 kg Rehrücken
Pfeffer
Salz
Koriander
100 g Speckscheiben
2 Zwiebeln
5 Wacholderbeeren
100 g saure Sahne
2 El Mehl

Zubereitungszeit: ca. 25 Minuten

(plus Bratzeit)

Pro Portion: ca. 268 kcal/1127 kJ

Den Backofen auf 225 °C (Umluft 200 °C) vorheizen. Rehrücken mit Pfeffer, Salz und Koriander einreiben. Fettpfanne des Backofens mit der Hälfte des Specks auslegen. Fleisch darauf legen und mit restlichen Speckscheiben zudecken.
Zwiebeln schälen und vierteln. Wacholderbeeren zerdrücken und mit den Zwiebeln zum Rehrücken geben. Im vorgeheizten Backofen bei 200 °C (Umluft 180 °C) ca. 45–60 Minuten braten. Sobald der Bratensatz sich braun färbt, Fleisch immer wieder mit etwas heißem Wasser begießen. Rehrücken aus dem Backofen nehmen, das Fleisch vom Knochen lösen, in Scheiben schneiden, wieder auf den Knochen legen und warm stellen. Bratensatz mit Wasser auf 400 ml ergänzen. Saure Sahne mit dem Mehl verrühren und den Bratenfond damit andicken.

Register